BEI GRIN MACHT SICH IHR WISSEN BEZAHLT

- Wir veröffentlichen Ihre Hausarbeit, Bachelor- und Masterarbeit

- Ihr eigenes eBook und Buch - weltweit in allen wichtigen Shops

- Verdienen Sie an jedem Verkauf

Jetzt bei www.GRIN.com hochladen und kostenlos publizieren

Slava Obodzinskiy

Der XX. Parteitag der KPdSU und die Entwicklung der Entstalinisierung in der UdSSR und DDR

GRIN Verlag

Bibliografische Information der Deutschen Nationalbibliothek:

Die Deutsche Bibliothek verzeichnet diese Publikation in der Deutschen National-
bibliografie; detaillierte bibliografische Daten sind im Internet über http://dnb.d-
nb.de/ abrufbar.

Dieses Werk sowie alle darin enthaltenen einzelnen Beiträge und Abbildungen
sind urheberrechtlich geschützt. Jede Verwertung, die nicht ausdrücklich vom
Urheberrechtsschutz zugelassen ist, bedarf der vorherigen Zustimmung des Verla-
ges. Das gilt insbesondere für Vervielfältigungen, Bearbeitungen, Übersetzungen,
Mikroverfilmungen, Auswertungen durch Datenbanken und für die Einspeicherung
und Verarbeitung in elektronische Systeme. Alle Rechte, auch die des auszugsweisen
Nachdrucks, der fotomechanischen Wiedergabe (einschließlich Mikrokopie) sowie
der Auswertung durch Datenbanken oder ähnliche Einrichtungen, vorbehalten.

Impressum:

Copyright © 2009 GRIN Verlag GmbH
Druck und Bindung: Books on Demand GmbH, Norderstedt Germany
ISBN: 978-3-640-32096-7

Dieses Buch bei GRIN:

http://www.grin.com/de/e-book/126256/der-xx-parteitag-der-kpdsu-und-die-ent-
wicklung-der-entstalinisierung-in

GRIN - Your knowledge has value

Der GRIN Verlag publiziert seit 1998 wissenschaftliche Arbeiten von Studenten, Hochschullehrern und anderen Akademikern als eBook und gedrucktes Buch. Die Verlagswebsite www.grin.com ist die ideale Plattform zur Veröffentlichung von Hausarbeiten, Abschlussarbeiten, wissenschaftlichen Aufsätzen, Dissertationen und Fachbüchern.

Besuchen Sie uns im Internet:

http://www.grin.com/

http://www.facebook.com/grincom

http://www.twitter.com/grin_com

Inhaltsverzeichnis

1. Die Entwicklung der Entstalinisierung in der Sowjetunion

In den knapp 30 Jahren seiner Herrschaft gelingt es Josef Wissarionowitsch Stalin, in der Sowjetunion ein totalitäres Regime zu etablieren. Kennzeichnend für sein System sind, unter anderem, das absolute politische Entscheidungsmonopol Stalins und willkürlicher Terror gegen die Bevölkerung. Trotzdem wird Stalin nach jahrelang betriebenem Führerkult von vielen Menschen in der Sowjetunion verehrt.[1]

Nach dem Tod Stalins am 5. März 1953 kommt Nikita Sergejewitsch Chruschtschow an die Macht und wird Anfang September 1953 zum Ersten Sekretär des Zentralkomitees der KPdSU ernannt.[2] Er beginnt eine langsame Abkehr von den Methoden und der Politik seines Vorgängers. Bereits 1953 wird der von Stalin organisierte Prozess gegen jüdische Staatsärzte gestoppt. Im selben Jahr finden auch erste, wenn auch nur sehr wenige, Rehabilitierungen von Opfern des Terrors statt. Gleichzeitig werden eine Beschränkung von Einflussmöglichkeiten des Staatssicherheitsdienstes und seine Neuorganisierung vorbereitet. Dafür werden der Chef der Sicherheitsorgane Lawrentij Berija und seine engsten Mitarbeiter verhaftet und anschließend in einem Geheimprozess verurteilt, was jedoch den „alten" Methoden Stalins entspricht. Außerdem beginnt die Regierung in dieser Phase, mehr auf die Bedürfnisse der Landwirtschaft und die Konsumwünsche der Bevölkerung einzugehen[3] und auch in der Wirtschaftspolitik wird der „Neue Kurs" eingeschlagen. Es wird in der Zeit auch der Anfang für das „Tauwetter" in der Literatur gemacht.[4] Die ersten, allerdings sehr zurückhaltenden, kritischen Töne bezüglich des „Personenkults", kommen von der Partei in einem „Prawda"-Artikel vom 10. Juni 1953.[5] Ansonsten wird Stalin nach seinem Tod in der Presse kaum erwähnt, was in einem starken Kontrast zu seiner früheren Präsenz in den Medien steht.[6]

Vom 14. bis zum 25. Februar 1956 findet dann der XX. Parteitag der KPdSU statt, der erste nach dem Tod Stalins. Sein Tod findet beim Parteitag kaum Beachtung.[7] Chruschtschow (aber zum Teil auch andere Referenten) bringt neue politische Ansätze, die sich deutlich von der Weltanschauung Stalins unterscheiden. Er redet unter anderem über die Vermeidbarkeit von Kriegen, Möglichkeiten der Kooperation zwischen Kommunisten und Sozialdemokraten, neue Formen des Übergangs zum Sozialismus und über die Notwendigkeit eines friedlichen

---

[1] Vgl. Laqueur, Walter: Stalin. Abrechnung im Zeichen der Glasnost. München 1990, S. 8 und S. 14.
[2] Vgl. Leonhard, Wolfgang: Kreml ohne Stalin. Köln 1960, S. 524-525.
[3] Vgl. Beyrau, Dietrich: Entstalinisierung. In: Peter, Antonio; Maier, Robert (Hrsg.): Die Sowjetunion im Zeichen des Stalinismus. Köln 1991, S. 125-126.
[4] Vgl. Leonhard 1960, S. 116-118 und S. 122-124.
[5] Vgl. Laqueur, S. 10.
[6] Vgl. Leonhard, Wolfgang: Die bedeutsamste Rede des Kommunismus. In: APuZ 17-18/2006, S. 3.
[7] Vgl. ebenda, S. 4.

wirtschaftlichen Wettstreits.[89] Neben Themen wie Krieg und Frieden, ökonomische Entwicklung der UdSSR, Beziehungen zwischen der Sowjetunion und den nichtkommunistischen Staaten oder Zusammenarbeit mit ausländischen kommunistischen Parteien, wurde im Laufe des Parteitages auch eine vorsichtige Kritik des Führungsstils von Josef Stalin angesprochen.[10]

Am letzten Tag des Parteitages werden die Delegierten in den Kreml zu einer nichtöffentlichen Sitzung gerufen. Bei dieser Sitzung verliest Chruschtschow sein vier Stunden andauerndes Referat „Über den Personenkult und seine Folgen". Er spricht über von Stalin ausgelöste, unter anderem auch gegen Politbüro-Mitglieder gerichtete, Massenrepressalien und Folter, über den Konflikt zwischen Lenin und Stalin kurz vor dem Tod Lenins, über die mögliche Schuld Stalins an der Ermordung von Kirow im Jahr 1934, über das Fehlverhalten Stalins unmittelbar vor dem Krieg und in seiner ersten Phase, was zu erheblichen Niederlagen und Opfern geführt hatte, und über Fehlleistungen in der Landwirtschaft und Außenpolitik. Zudem betont Chruschtschow, dass Stalin selbst maßgeblich zur Entstehung des Personenkultes beigetragen hatte und sogar mehrere Seiten in seiner eigenen Biographie geschrieben haben soll.[11] Er hält gleichzeitig fest, dass Stalin zwar viele Fehler und Verbrechen in der Zeit seiner Herrschaft begangen hatte, die Politik der Partei aber trotzdem richtig gewesen sei.[12]

Während des Referats herrscht im Saal eine absolute Stille, die Delegierten wirken geschockt, erstarrt und entsetzt. Es werden keine Fragen gestellt, eine anschließende Diskussion findet ebenfalls nicht statt. Die Delegierten fassen einen kurzen Beschluss, in dem sie dem Referat zustimmen und das ZK beauftragen, Maßnahmen zur Überwindung des Personenkults durchzuführen.[13] Das Präsidium des ZK beschließt außerdem, „die Rede in redigierter Form im ganzen Land in Versammlungen verlesen zu lassen und sie auch den ausländischen Parteiführungen bekanntzumachen, sie aber nicht zu veröffentlichen".[14]

Die Verlesungen verursachen im ganzen Land intensive Diskussionen und in Georgien Anfang März 1956 sogar Unruhen, die erst nach dem Einmarsch der sowjetischen Armee mit Gewalt unterdrückt werden können. Das für Mitte 1956 angesetzte ZK-Plenum zur Stalin-

[8] Vgl. Medwedew, S. 26.
[9] Vgl. Grieger, Manfred und andere: Stalins Schatten, Stalin und die westeuropäischen Kommunisten. Neuss 1989, S. 196.
[10] Vgl. Schlützer, Horst: Der XX. Parteitag der KPdSU und die Konfliktsituation im Lande. In: Prokop, Siegfried (Hrsg.): Zwischen Aufbruch und Abbruch. Die DDR im Jahre 1956. Berlin 2006, S. 116-117.
[11] Vgl. Medwedew, S. 27.
[12] Vgl. Beyrau, 127-128.
[13] Vgl. Schützler, S. 118.
[14] Bonwetsch, Bernd: Entstalinisierung und imperiale Politik. Die UdSSR und der Ostblock nach Stalins Tod. In: Engelmann, Roger; Großbölting, Thomas; Wentker, Hermann (Hrsg.): Kommunismus in der Krise – Die Entstalinisierung 1956 und die Folgen. Göttingen 2008, S. 179.

Frage wird abgesagt. Das Parteipräsidium erlässt stattdessen am 30. Juni 1956 nur einen ZK-Beschluss „Über die Überwindung des Personenkults uns seiner Folgen", der inhaltlich im Vergleich zur Geheimrede ein deutlicher Schritt zurück ist.[15] Dieser Beschluss soll dazu dienen, der Diskussion eine Richtung zu geben, sie einzuschränken und die Auseinandersetzung mit dem Stalinismus im ganzen Land zu verhindern. Eine Suche nach Ursachen und Konsequenzen findet nicht statt. Obwohl somit die politisch-geistige Entstalinisierung weitgehend eingeschränkt wurde, beginnen im Jahre 1956 deutliche Maßnahmen zur Rehabilitierung der Opfer des Terrors, die Millionen von Menschen betreffen.[16]

Nicht nur in der Sowjetunion leitet das Geheimreferat Unruhen ein. Auch in den Staaten Osteuropas, vor allem in Ungarn, wo es im Herbst 1956 zu einer Revolution kommt, und in Polen, entsteht eine „krisenhafte Dynamik, die den Fortbestand der kommunistischen Herrschaft" gefährdet.[17] „Aus der von oben initiierten und gelenkten Entstalinisierung [entwickelt sich] eine schwer beherrschbare Entstalinisierungskrise".[18]

Währenddessen verschärft sich innerhalb des ZK der Machtkampf zwischen den Anhängern Chruschtschows und den früheren Mitarbeitern von Stalin - Molotow, Malenkow und Woroschilow, die gegen eine derart scharfe Kritik an Stalin sind. Diese Tatsache führt in Verbindung mit den Ereignissen in Ungarn und Polen dazu, dass Chruschtschow seine Meinung zur Stalin-Frage ändern muss.[19] Im Dezember 1956 erklärt er, dass Stalin ein „großer Revolutionär" und „großer Marxist-Leninist" war, und dass die Partei es nicht zulasse, „den Namen Stalins an die Feinde des Kommunismus abzutreten".[20] Die Entstalinisierung findet somit in der Sowjetunion zunächst keine Fortsetzung. Sie muss sowohl zugunsten der Machtsicherung von Chruschtschow innerhalb des ZK, als auch für die Stabilisierung der kommunistischen Herrschaft in Osteuropa gestoppt werden. Ein neuer Versuch der Entstalinisierung beginnt erst Anfang der sechziger Jahre.[21]

---

[15] Vgl. Medwedew, S. 37.
[16] Vgl. Bonwetsch, S. 179-180.
[17] Engelmann, S. 9.
[18] Ebenda.
[19] Vgl. Medwedew, S. 37.
[20] Zitiert in: ebenda.
[21] Vgl. Engelmann, S. 9.

2. Die DDR nach dem Tod Stalins

Der Tod von Stalin „[trifft] die DDR in einer Periode steigender Flüchtlingszahlen, prekärer Wirtschaftslage und kollabierender Versorgung. All das [ist] die Folge einer [...] Repressierung [sic!] der gesamten Bevölkerung, der [...] Kollektivierung der Landwirtschaft sowie des [...] Einsatzes der politischen Justiz gegen die Bauern."[22]

Der auf der II. Parteikonferenz im Jahre 1952 beschlossene Kurs zum „Aufbau des Sozialismus", dessen Inhalte darauf zielen, die DDR noch stärker nach sowjetischem Vorbild umzustrukturieren, führt zur Verschlechterung der wirtschaftlichen und innenpolitischen Situation des Landes und löst Unmut und Abwanderung in die Bundesrepublik aus.[23] Als das ZK am 14. Mai 1953 die Normerhöhung von mindestens 10 Prozent festlegt, kommt es zu Konflikten und Protesten in den Betrieben, die sich im Juni 1953 zu einem Volksaufstand entwickeln[24], an dem sich etwa eine halbe Million Menschen in über 700 Städten und Gemeinden beteiligen.[25] Die Forderungen sind nicht nur die Aufhebung der Normerhöhung, sondern auch freie Wahlen, der Rücktritt Ulbrichts und die Wiedervereinigung. Erst durch das Eingreifen des sowjetischen Militärs wird der Aufstand mit Hilfe der Volkspolizei niedergeschlagen.[26]

Die hohe Unzufriedenheit der Bevölkerung, sowie die sehr hohen Abwanderungszahlen (zwischen 1953 und 1956 verlassen etwa 1,2 Millionen Menschen die DDR und gehen in die Bundesrepublik), zwingen die Führung zu Reformen.[27] Daraufhin beginnen bereits vor dem Volksaufstand geplante ökonomische und sozialpolitische Veränderungen – Steuervergünstigungen, Preissenkungen, Lohn- und Versorgungsverbesserungen mit dem Ziel, den Aufbau der Schwerindustrie zugunsten von Konsumindustrie und Handel zu verlangsamen. Die Wirkung dieser Reformen für die Bevölkerung bleibt zwar begrenzt, doch diese Veränderungen tragen dazu bei, dass die SED ihre Macht nach dem Volksaufstand stabilisieren kann.[28]

Gleichzeitig versucht die Führung der DDR, die Gefahr des Volksaufstandes in Zukunft zu vermeiden, indem bewaffnete Streitkräfte verstärkt entwickelt werden. Den

---

[22] Wilke, Manfred; Voigt, Tobias: "Neuer Kurs" und 17. Juni – Die zweite Staatsgründung der DDR 1953. In: Hegedüs, Andreas; Wilke, Manfred (Hrsg.): Satelliten nach Stalins Tod. Der „Neue Kurs". 17. Juni in der DDR. Ungarische Revolution 1956. Studien des Forschungsverbundes SED-Staat an der Freien Universität Berlin. Berlin 2000, S. 24

[23] Vgl. Bonwetsch, S. 174.

[24] Vgl. Wilke, S. 66.

[25] Vgl. Kowalczuk, Ilko-Sascha: Zwischen Hoffnungen und Krisen: Das Jahr 1956 und seine Rückwirkungen auf die DDR. In: JHK 2006, S. 20.

[26] Vgl. Wilke, S. 67-69.

[27] Vgl. Ciesla, Burghard: Zwischen den Krisen. Die DDR 1953-1956. In: Engelmann, S. 272-273.

[28] Vgl. Foitzik, Jan. In: ders. (Hrsg.): Entstalinisierungskrise in Ostmitteleuropa 1953-1956. Vom 17. Juni bis zum ungarischen Volksaufstand. Politische, militärische soziale und nationale Dimensionen, S. 26-28.

Höhepunkt erreicht dieser Prozess am 18. Januar 1956, als der Aufbau der Nationalen Volksarmee (NVA) per Gesetz eingeleitet wird. Insgesamt gehören 1956 etwa 350 000 Menschen den bewaffneten Streitkräften an. Die Volkspolizei, die Staatssicherheit, die Kampftruppen, die Grenzpolizei und die Armee entwickeln sich in der Phase zwischen 1953 und 1956 zu wichtigen Machtinstrumenten der SED.[29]

Bis Mitte der fünfziger Jahre gelingt es der SED, die Strukturen ihrer politischen Ordnung weitgehend zu etablieren.[30] „Bezeichnend für diesen Konstituierungsprozess [ist] die Beseitigung des Privateigentums an Produktionsmitteln und die damit verbundene Aufhebung der Trennung zwischen Politik und Ökonomie."[31] Außerdem wird der Macht- und Verwaltungsapparat gestärkt, was für eine Erneuerung der Eliten sorgt. Diese fördert wiederum die Entstehung der „sozialistischen Intelligenz", die sich stärker mit dem System identifiziert.[32]

Während es in der UdSSR zwischen 1953 und 1956 bereits erste Versuche der Abkehr vom Führerkult gibt, findet in der DDR weiterhin eine Verherrlichung von Stalin statt. Seine Rolle in den Medien bleibt bis 1956 unverändert. Die Zeitung „Neues Deutschland" widmet Stalin genauso viel Aufmerksamkeit wie davor, obwohl er in der „Prawda" fast nicht mehr erwähnt wird.[33] Gleichzeitig entwickelt sich in der DDR „von oben" ein Personenkult um Walter Ulbricht – zum Beispiel werden anlässlich seines 60. Geburtstags große Feierlichkeiten organisiert. Ihm werden auch eine Biographie, ein Film und sämtliche Gedenkschriften gewidmet.[34]

Dementsprechend fassungslos sind Walter Ulbricht, Karl Schirdewan, Otto Grotewohl und Alfred Neumann, als ein sowjetischer Funktionär ihnen das Geheimreferat Chruschtschows in der Nacht vom 25. zum 26. Februar auf Deutsch vorträgt.[35]

Erste Informationen über den XX. Parteitag werden im Zentralorgan „Neues Deutschland" vom 4. März 1956 veröffentlicht. In einem Leitartikel nimmt Ulbricht Bezug zu Fragen des Parteitages, allerdings beschränkt er sich auf die offiziellen Inhalte. Nur am Rande werden der „Personenkult Stalins" und die „Verletzung der Leninschen Parteinormen" erwähnt.[36] Für erste Diskussionen in der DDR sorgt die Aussage Ulbrichts, Stalin sei kein

---

[29] Vgl. Diedrich, Torsten; Wenzke, Rüdiger: Mit „Zuckerbrot und Peitsche" gegen das Volk. Die DDR und ihre bewaffneten Kräfte im Krisenjahr 1956. In: Heinemann, Winfried; Wiggerhaus, Norbert (Hrsg.): Das internationale Krisenjahr 1956. München 1999, S. 441-444.
[30] Vgl. Ciesla, S. 272-273.
[31] Ebenda.
[32] Vgl. ebenda, S. 289.
[33] Vgl. Leonhard 2006, S. 3.
[34] Vgl. Leonhard 1960, S. 111.
[35] Vgl. Kowalczuk, S. 23.
[36] Vgl. Foitzik, S. 43.

Klassiker des Marxismus, was deutlich seinen früheren Behauptungen widerspricht.[37]

Währenddessen bleibt das Referat nur für einige Tage geheim. Durch einen polnischen Funktionär, der eine gedruckte Version der Rede bekommen hatte, gelangt sie in die USA, wo sie in New York am 16. März 1956 auszugsweise veröffentlicht wird. In Jugoslawien wird das Referat am 20. März 1956 vollständig abgedruckt, genauso wie am 4. Juni in der „New York Times".[38]

Diese Veröffentlichungen sorgen für ein großes mediales Echo – britische Medien und Medien der Bundesrepublik berichten am 17. März 1956 ebenfalls über die Geheimrede. Auch im Osten von Berlin wird das Referat von Chruschtschow zu einem wichtigen Diskussionsthema. Walter Ulbricht fühlt sich verpflichtet, auf der am Abend des gleichen Tages stattfindenden Bezirksdelegiertenkonferenz der SED, die Fragen der Teilnehmer zur Problematik des Personenkultes zu beantworten. Die Fragen betreffen vor allem die Geschichte der KPdSU. Ulbricht ist gezwungen, über „Verletzungen der Gesetze, besonders in den Jahren 1936 bis 1938 und nach dem Kriege"[39], den Führerkult, die persönliche Willkür, Stalins Selbstüberhöhung, die Jugoslawien-Frage und die Außenpolitik, zu reden. Der Diskussionsbeitrag wird am 18. März 1956 im „Neuen Deutschland" abgedruckt. Da Ulbricht fürchtet, mit der Stellungnahme zu Fragen der KPdSU seine Kompetenzen überschritten zu haben, informiert er mit seinem Telegramm vom 19. März 1956 das Präsidium des ZK der KPdSU über seinen Beitrag bei der Bezirksdelegiertenkonferenz und dessen Veröffentlichung. Gleichzeitig bittet er um eine offizielle Reaktion in der „Prawda".[40]

Das Politbüro der SED bekommt den offiziellen Text der Geheimrede am 21. März 1956 aus Moskau zugeschickt.[41] Einen Tag später lässt Ulbricht den Text auf der ZK-Tagung ohne anschließende Diskussion vortragen. Auf Parteiversammlungen im April 1956 werden nur Ausschnitte daraus vorgetragen.[42]

---

[37] Vgl. Wentker, Hermann: Bedroht von Ost und West. Die Entstalinisierungskrise von 1956 als Herausforderung für die DDR. In: Engelmann, S. 151.
[38] Vgl. ebenda.
[39] Zitiert in: Foitzik, S. 43-44.
[40] Vgl. ebenda.
[41] Vgl. Kowalczuk, S. 24.
[42] Vgl. Wentker, S. 151.

3. Die „Entstalinisierungskrise" in der DDR nach dem XX. Parteitag der KPdSU

Walter Ulbricht verzichtet nach der offiziellen Stellungnahme Moskaus zur Personenkult-Problematik auf die Verbreitung der Inhalte des Geheimreferats. Zum einen möchte er so wenige Eingeständnisse von Fehlern wie möglich machen, um politische Rückschläge gegenüber der Bundesrepublik zu vermeiden. Zum anderen befürchtet er Unruhen in der Bevölkerung, die im schlimmsten Fall zu einem neuen Volksaufstand führen können, und Unruhen innerhalb der Partei, die seine persönliche Macht in Frage stellen würden. Trotzdem wird der Text der Geheimrede auf der ZK-Tagung am 22. März 1956 und auf der 3. Parteikonferenz der SED, die vom 24. bis 30. März stattfindet, verlesen, doch die Inhalte sollen nur eingeschränkt bekannt gegeben werden.[43] Ulbricht beschließt, den „formulierten Bericht [...] nur den Bezirksaktivs und nirgends anderswo"[44] zu geben. Es soll vermieden werden, dass die Parteimitglieder über die Fragen der geschlossenen Sitzung der KPdSU informiert werden. Walter Ulbricht hält die Entstalinisierung und Reformierung der DDR für überflüssig, weil es in der SED keine Stalinisten gäbe und man bereits seit dem Zweiten Weltkrieg den demokratischen Weg gegangen sei.[45]

Trotzdem ist Ulbricht, der selbst maßgeblich zum Stalin-Kult in der DDR beigetragen hatte, gezwungen, einige Korrekturen vorzunehmen, um Unruhen innerhalb der Partei zu vermeiden. Bei der 3. Parteikonferenz wird die Rehabilitierung von Opfern der stalinistischen Repressionen beschlossen, die allerdings nur halbherzig erfolgt. Bei Haftentlassungen handelt es sich zuerst nur um führende Kommunisten, wie Franz Dahlem und Anton Ackermann, und ehemalige Parteimitglieder. Später betreffen diese auch einige Nichtkommunisten.[46]

Jedoch finden eine ernsthafte Aufarbeitung des Themas Personenkult und eine selbstkritische Beschäftigung mit der Verfolgungspraxis in der DDR fast nicht statt. Personelle Konsequenzen für die daran Beteiligten bleiben vollständig aus.[47]

Dass die Führung der DDR es vermied, sich mit dem System gründlich auseinander zu setzen, löste, besonders bei einem Teil der Intellektuellen in der SED, Unzufriedenheit aus.[48] Aber trotz lebendiger Diskussionen ist die SED im Frühling 1956 in der Lage, „die ideologischen und politischen Auswirkungen der Entmythologisierung Stalins sowie die wirtschaftlichen Schwierigkeiten noch einigermaßen im Zügel halten zu können."[49] Doch

---

[43] Vgl. Foitzik, S. 40.
[44] Zitiert in: ebenda.
[45] Vgl. ebenda.
[46] Vgl. ebenda und Diedrich, S. 440 und S. 444.
[47] Vgl. Engelmann, S. 20.
[48] Vgl. Malycha, Andreas: Reformdebatten in der DDR. In: APuZ 17-18/2006, S. 27.
[49] Diedrich, S. 440.

anschließende Ereignisse in Polen und Ungarn führen nicht nur zur Destabilisierung des Systems der DDR, sondern auch zu einer ernsthaften Gefahr für die Macht der SED.[50]

In Polen entsteht im Laufe der Entstalinisierung, im Gegensatz zur DDR, eine freie Diskussion und entwickelt sich eine Liberalisierung des kulturellen Lebens. Diese günstige Situation nutzen Arbeiter aus, um gegen niedrige Löhne und schlechte Versorgung zu protestieren. Die Streiks und Unruhen in Poznań (Posen) eskalieren am 28. Juni 1956 in Demonstrationen, die über mehrere Tage gehen und viele Tote fordern. Ein weiteres Mal kommt es zu Unruhen in Polen zwischen dem 19. und dem 21. Oktober 1956.[51] Am 23. Oktober 1956 beginnt in Ungarn die Demonstration zur Solidarität mit den polnischen Oppositionellen, die sich zu einem bis zum 4. November 1956 andauernden Volksaufstand entwickelt.[52] Der ungarische Volksaufstand wird von sowjetischen Truppen niedergeschlagen.[53]

Auch in der DDR kommt es nach den Ereignissen in Polen zwischen Juni und November 1956 zu mehreren Streikaktionen in den Betrieben, die allerdings meistens Lohn- oder Normfragen als Hauptursachen haben.[54] Die Arbeiter solidarisieren sich zwar mit den Demonstranten in Polen und Ungarn, klare politische Forderungen werden aber in der Regel nicht gestellt.[55] Die Arbeiter machen 1953 die Erfahrung, dass Versuche einer gewaltsamen Veränderung der politischen Lage durch die Möglichkeit eines militärischen Eingriffs nahezu aussichtslos erscheinen.[56]

Im Gegensatz zu Polen und Ungarn breitet sich die Kritik des Personenkults nicht aus, sondern beschränkt sich nur auf intellektuelle Kreise.[57] Bei ihnen weckt das Geheimreferat von Chruschtschow Hoffnungen auf größere geistige und politische Freiheiten, mit dem Ziel, das System nicht abzuschaffen, sondern dieses demokratischer und effizienter zu gestalten.[58] Bis Ende 1956 werden Reformdebatten geführt, die sich mit der Notwendigkeit der Wirtschaftsreform und der Entbürokratisierung des Staates, mit der Legitimation der Parteiherrschaft und mit dem Staats- und Parteiverständnis beschäftigen. Gleichzeitig werden Diskussionen auch an Universitäten geführt und es entstehen Anfänge einer oppositionellen

---

[50] Vgl. ebenda.
[51] Vgl. Wentker, S. 153.
[52] Vgl. Tischler, János: Warschau – Budapest 1956. In: APuZ 17-18/2006, S. 16-19.
[53] Vgl. Engelmann, S. 15.
[54] Eine Unzufriedenheit der Arbeiter war auch in Rostock festzustellen – zum Beispiel am 27. Oktober 1956 in der Neptunwerft, wo die Arbeiter ihren Unmut über den Materialmangel und eingeführte Nachtschichten geäußert haben. Vgl. Wolle, Stefan. Die DDR zwischen Tauwetter und Kaltem Krieg. "Mutmassungen" über das Jahr 1956. In: Engelmann, S. 310.
[55] Vgl. ebenda, S. 308-309.
[56] Vgl. Malycha, S. 27.
[57] Vgl. Engelmann, S. 27.
[58] Vgl. Wolle, S. 328 und Malycha, S. 32.

Studentenbewegung.[59]

Um die Demonstrationen und somit auch einer tiefgreifende Systemkrise wie in Ungarn und Polen zu verhindern, geht die SED im Jahre 1956 „[m]it Zuckerbrot und Peitsche gegen das Volk" vor.[60]

Die Rolle des „Zuckerbrotes" spielen dabei die sozialen Zugeständnisse. Ab Mai 1956 werden Löhne und Gehälter kontinuierlich angehoben und im Juni 1956 beschließt die SED-Führung Preissenkungen für Industriewaren. Außerdem kündigt Ulbricht eine baldige Aufhebung der Lebensmittelrationierung und eine Rentenreform an. Des Weiteren, stimmt das Politbüro am 30. Oktober 1956 einer von der FDJ unabhängiger Studentenorganisation zu, was aber nach der Niederschlagung der ungarischen Revolution wieder rückgängig gemacht wird.[61]

Die Rolle der „Peitsche" spielt der von der SED kontrollierte Sicherheitsapparat. Im Jahre 1956 werden zwei Schauprozesse gegen angebliche Agenten des amerikanischen Geheimdienstes organisiert. Den Beschuldigten wird Tätigkeit, die sich „gegen die Volksdemokratien Polen und ČSR" richtet, beziehungsweise „Militärspionage gegen die DDR" vorgeworfen.[62] Zur Abschreckung der Bevölkerung vor Demonstrationen marschieren zwischen dem 24. Oktober und 3. November 1956, also in der Zeit des ungarischen Volksaufstandes, „Kampfgruppen der Arbeiterklasse" sowie Verbände der „Gesellschaft für Sport und Technik" auf.[63]

Diese Politik ist allerdings nicht der einzige Grund, warum sich die Aufstände in der DDR nicht so ausbreiten, wie in Ungarn und Polen. Der Lebensstandard in der DDR ist deutlich höher, als in diesen beiden Ländern, besonders die Intelligenz genießt im Gegensatz zu anderen ostmitteleuropäischen Staaten materielle Vorteile. Darüber hinaus sehen die Menschen in der DDR, durch die Erfahrung von 1953, die Gefahr, die Unruhen können erneut militärisch niedergeschlagen werden. Gleichzeitig verbessert sich die Lage der Bevölkerung nach dem 17. Juni 1953 und unzufriedene Bürger der DDR haben außerdem die Möglichkeit, in die Bundesrepublik auszuwandern, was Menschen in Polen oder Ungarn nicht können.[64]

Die Niederschlagung des ungarischen Aufstandes bedeutet auch gleichzeitig das Ende des Entstalinisierungsprozesses in der DDR. Die gewaltsame Unterdrückung der oppositionellen Kräfte schreckt Kritiker ab und bedeutet auch gleichzeitig das Ende des

[59] Vgl. Malycha, S. 28.
[60] Diedrich, S. 439-468.
[61] Vgl. ebenda, S. 468 und Wentker, S. 159-160.
[62] Vgl. Wentker, S. 159.
[63] Vgl. ebenda, S. 154-155.
[64] Vgl. Malycha, S. 25.

„intellektuellen Tauwetters".[65] Am 20.11.56 beschließt das SED-Politbüro, von den Universitäten „alle sichtbar gewordenen provokatorischen Kräfte zu entfernen" und die „Organisatoren der Unruhen" zu bestrafen.[66] Erste Verhaftungen finden im November 1956 statt und erste Prozesse im März 1957. Viele Intellektuelle, darunter Professor Wolfgang Harich, Verleger Walter Janka und Kulturredakteur Gustav Just, erhalten Haftstrafen. Andere werden aus dem öffentlichen Leben ausgeschlossen oder von den Hochschulen verwiesen. Einige emigrieren anschließend in die Bundesrepublik.[67]

Die Auswirkungen der Entstalinisierung für die DDR bleiben gering. Walter Ulbricht lässt sich nicht auf eine öffentliche Fehlerdiskussion ein, die zum Volksaufstand des 17. Juni 1953 sowie zu den polnischen und ungarischen Ereignissen 1956 geführt hatte. Es gelingt ihm, mit einer Mischung aus geringfügigen sozialpolitischen Verbesserungen und Abschreckung die Bevölkerung weitgehend ruhigzustellen, ohne ernsthafte Reformen durchzuführen.[68]

Mit der Bestrafung oppositioneller Kräfte beweist Ulbricht, dass er in der Lage ist, sich gegen den inneren Widerstand zu behaupten. Die Macht des Ersten Sekretärs der SED scheint danach gesichert zu sein.[69]

---

[65] Vgl. ebenda, S. 28.
[66] Zitiert nach: Foitzik, S. 46.
[67] Vgl. Malycha, S. 29-30.
[68] Vgl. Engelmann, S. 20 und S. 13.
[69] Vgl. Malycha, S. 31.

4. Die historische Bedeutung des XX. Parteitages der KPdSU

Der XX. Parteitag der KPdSU ist zum Symbol der Entstalinisierung geworden, weil er die erste deutliche Abkehr der UdSSR von den Methoden und Prinzipien des Stalinismus mit sich brachte.[70]

Während die Entstalinisierung vor dem XX. Parteitag der KPdSU „eine pragmatische (und teilweise widersprüchliche) Kurskorrektur"[71] gewesen ist, bekam sie danach „durch die explizite Kritik am einstigen Idol der kommunistischen Weltbewegung nunmehr einen grundsätzlicheren Charakter".[72] Gleichzeitig wird beim XX. Parteitag von Chruschtschow ein Versuch unternommen, „die Erfahrungen des Kommunismus als einer internationalen Bewegung zu systematisieren".[73]

Doch „[d]er XX. Parteitag und der Prozeß der Verwirklichung seiner Richtlinien [sind] offenbar sehr widersprüchlich."[74]

Beim Parteitag angesprochene Haftentlassungen und Rehabilitierungen sowie Reformen im Rechtssystem tragen dazu bei, dass Menschen in der Sowjetunion wieder als Vollbürger und Persönlichkeiten betrachtet werden.[75] Es wird ein Grundstein für die Vernichtung des Repressionsregimes gelegt.[76] Die Abkehr vom Stalinismus stellt auch offiziell die Beendigung des permanenten Ausnahmezustandes, des Terrors und der Willkür dar.[77] Wichtig ist auch, trotz aller Halbherzigkeit, die Lockerung der Einschränkungen von Intellektuellen, vor allem im Bereich der Literatur, aber auch bei anderen Künstlern und Wissenschaftlern.[78]

Dennoch bleiben die Ideologie, die Herrschaftsstrukturen und das Herrschaftspersonal weitgehend unverändert.[79] Die „kollektive Führung" wird zunehmend weniger umgesetzt und die persönliche Macht Chruschtschows wächst. Der Kurs von der „friedlichen Koexistenz von kommunistischen und nichtkommunistischen Staaten" und des „friedlichen Wettbewerbs" wird nicht konsequent verfolgt.[80] Auch die Methoden zum Aufbau des Sozialismus werden in der Praxis kaum verändert – zum Beispiel steht beim sechsten Fünfjahresplan, der 1956

---

[70] Vgl. Leonhard 1960, S. 244.
[71] Engelmann, S. 9.
[72] Ebenda.
[73] Löwenthal, Richard: Chruschtschow und der Weltkommunismus. Stuttgart 1963, S. 26.
[74] Zagladin, Vadim V.: Der erste Erneuerungsimpuls. Eine Betrachtung zum 40. Jahrestag des XX. Parteitages der KPdSU. In: JHK 1996, S. 33.
[75] Vgl. Schützler, S. 154-155.
[76] Vgl. Zagladin, S. 34.
[77] Vgl. Engelmann, S. 30-31.
[78] Vgl. Schützler, S. 144-145.
[79] Vgl. Engelmann, S. 30-31.
[80] Vgl. Medwedew, S. 32-33.

begann, wieder die Entwicklung der Schwer- und Rüstungsindustrie im Vordergrund.[81]

Genauso widersprüchlich, wie die Umsetzung der auf dem Parteitag angesprochenen Reformen, ist auch die Bedeutung, die dem XX. Parteitag von Historikern zugeschrieben wird. Für einige ist der XX. Parteitag der „Anfang jener Katastrophe, die zum Verlust der Macht der Partei, zum Zerfall der UdSSR und zum Niedergang der kommunistischen Bewegung in der Welt" führte.[82] Andere betrachten dieses Ereignis als einen „wichtigen Schritt auf dem Wege der Erneuerung der Partei, der Demokratisierung der Gesellschaft, als Beginn einer Perestroika Mitte der fünfziger Jahre, die gegen den Widerstand konservativer Kräfte nicht zum Zuge kam".[83] Unbestritten ist aber die Schlüsselrolle des XX. Parteitages in der Geschichte der Sowjetunion und des internationalen Kommunismus.[84] „Dem Tauwetter folgte kein Frühling, der XX. Parteitag war ein Aufbruch, aber kein Umbruch, seine große geschichtliche Bedeutung ist aber unbestritten und bleibt dauerhaft."[85]

Insgesamt gesehen, werden in der Sowjetunion nur wenige Veränderungen durchgeführt und die Basis des Systems bleibt bestehen.[86] Die Entstalinisierung beinhaltet viele Schwachpunkte. Sie ist „einseitig, bezogen auf die dreißiger/vierziger Jahre, voller Auslassungen, wie das Verschweigen von der [...] Vernichtung der [...] Opposition, [enthält] Fehler und Überspitzungen".[87] Die Kritik war nur auf die Person Stalin fokussiert und stellte weder die Legitimation und Autorität der Partei, noch die Richtigkeit ihrer Politik in Frage. Es erfolgte auch keine Kritik an den Funktionären, die ebenfalls am Terror beteiligt waren (einer davon war Chruschtschow selbst).[88]

Trotzdem ist sie „so weitgehend wie keine andere Auseinandersetzung mit der sowjetischen Vergangenheit – weder vor noch nach der Rede."[89] In der Aufarbeitung des Stalinismus ist seit dem 1956 von politischer Seite kaum vergleichbar Bedeutsames passiert, was den XX. Parteitag und die Geheimrede Chruschtschows für die Geschichte sehr wertvoll machen.[90]

---

[81] Vgl. Engelmann, S. 11.
[82] Schützler, S. 116.
[83] Ebenda.
[84] Vgl. ebenda.
[85] Schützler, S. 156.
[86] Vgl. Zagladin, S. 33.
[87] Schützler, S. 119.
[88] Vgl. ebenda.
[89] Leonhard 2006, S. 4.
[90] Vgl. ebenda, S. 4.

5. Auswahlbibliographie

5.1. Quelle

- Gabert, Josef; Prieß, Lutz (Hrsg.): SED und Stalinismus: Dokumente aus dem Jahre 1956. Berlin 1990. S. 91-92.

5.2. Literatur

- Beyrau, Dietrich; Bock, Ivo (Hrsg.): Das Tauwetter und die Folgen. Kultur und Politik in Osteuropa nach 1956. Bremen 1988.

- Crusius, Reinhard; Wilke, Manfred (Hrsg.): Entstalinisierung. Der XX. Parteitag der KPdSU und seine Folgen. Frankfurt am Main 1977.

- Diedrich, Torsten; Kowalczuk, Ilko-Sascha (Hrsg.): Staatsgründung auf Raten? Zu den Auswirkungen des Volksaufstandes 1953 und des Mauerbaus 1961 auf Staat, Militär und Gesellschaft der DDR. Berlin 2005.

- Diedrich, Torsten; Wenzke, Rüdiger: Mit „Zuckerbrot und Peitsche" gegen das Volk. Die DDR und ihre bewaffneten Kräfte im Krisenjahr 1956. In: Heinemann, Winfried; Wiggerhaus, Norbert (Hrsg.): Das internationale Krisenjahr 1956. München 1999.

- Engelmann, Roger; Großbölting, Thomas; Wentker, Hermann (Hrsg.): Kommunismus in der Krise – Die Entstalinisierung 1956 und die Folgen. Göttingen 2008.

- Filtzer, Donald (Hrsg.): Die Chruschtschow-Ära: Entstalinisierung und die Grenzen der Reform der UdSSR 1953-1964. Mainz 1995.

- Foitzik, Jan (Hrsg.): Entstalinisierungskrise in Ostmitteleuropa 1953-1956: vom 17. Juni bis zum ungarischen Volksaufstand. Politische, militärische, soziale und nationale Dimensionen. Paderborn 2001.

- Fulbrook, Mary: „Entstalinisierung" in der DDR. Die Bedeutung(slosigkeit) des Jahres 1956. In: Deutschland-Archiv 1/2006.

- Grieger, Manfred und andere: Stalins Schatten. Stalin und die westeuropäischen Kommunisten. Neuss 1989.

- Hahn, Hans Henning; Olschowsky, Heindrich (Hrsg.): Das Jahr 1956 in Ostmitteleuropa. Berlin 1996.

- Harrison, Hope M.: Ulbricht und der XX. Parteitag der KPdSU. Die Verhinderung politischer Korrekturen in der DDR, 1956-1958. In: Deutschland-Archiv 1/2006.

- Hegedüs, Andreas; Wilke, Manfred (Hrsg.): Satelliten nach Stalins Tod. Der „Neue Kurs". 17. Juni in der DDR. Ungarische Revolution 1956. Studien des Forschungsverbundes SED-Staat an der Freien Universität Berlin. Berlin 2000.

- Heinemann, Winfried; Wiggershaus, Norbert (Hrsg.): Das internationale Krisenjahr 1956. München 1999.

- Herbst, Andreas; Ranke, Winfried; Winkler, Jürgen: So funktionierte die DDR. Band 2. Lexikon der Organisationen und Institutionen. Mach-mit-Bewegung – Zollverwaltung der DDR. Reinbeck bei Hamburg 1994.

- Herzberg, Guntolf: Anpassung und Aufbegehren: die Intelligenz der DDR in den Krisenjahren 1956/58. Berlin 2006.

- Kowalczuk, Ilko-Sascha: Zwischen Hoffnungen und Krisen: Das Jahr 1956 und seine Rückwirkungen auf die DDR. In: JHK 2006.

- Laqueur, Walter: Stalin. Abrechnung im Zeichen der Glasnost. München 1990.

- Leonhard, Wolfgang: Kreml ohne Stalin. Köln 1960.

- Leonhard, Wolfgang: Die bedeutsamste Rede des Kommunismus. In: APuZ 17-18/2006.

- Löwenthal, Richard: Chruschtschow und der Weltkommunismus. Stuttgart 1963.

- Malycha, Andreas: Reformdebatten in der DDR. In: APuZ 17-18/2006.

- Meissner, Boris: Die Ergebnisse des XX. Parteitages der KPdSU. In: APuZ 30/1956.

- Neubert, Harald: Der XX. Parteitag der KPdSU, der reale Sozialismus und die kommunistische Bewegung. In: BzG 3/1996.

- Peter, Antonio; Maier, Robert (Hrsg.): Die Sowjetunion im Zeichen des Stalinismus. Köln 1991.

- Prokop, Siegfried (Hrsg.): Zwischen Aufbruch und Abbruch. Die DDR im Jahre 1956. Berlin 2006.

- Schmidt, Karl-Heinz: Als Stalin starb. Die Reaktion des SED-Regimes und der Bevölkerung im Spiegel interner Berichte. In: Schröder, Klaus (Hrsg.): Geschichte und Transformation des SED-Staates. Beiträge und Analysen. Berlin 1994.

- Staritz, Dietrich: Geschichte der DDR 1949-1985. Frankfurt am Main 1985.

- Tischler, János: Warschau – Budapest 1956. In: APuZ 17-18/2006.

- Torke, Hans-Joachim (Hrsg.): Historisches Lexikon der Sowjetunion. 1917/22 bis 1991. München 1993.

- Wiggerhaus, Norbert (Hrsg.): Das internationale Krisenjahr 1956. München 1999.

- Zagladin, Vadim V.: Der erste Erneuerungsimpuls. Eine Betrachtung zum 40. Jahrestag des XX. Parteitages der KPdSU. In: JHK 1996.